Walter Flemmer

Vom Glück der Achtsamkeit
Sehen, was sonst verborgen bleibt

Walter Flemmer

Vom Glück der Achtsamkeit

Sehen, was sonst verborgen bleibt

Präsenz

Bibliografische Information der Deutschen Bibliothek

Die Deutsche Bibliothek verzeichnet diese Publikation in der Deutschen Nationalbibliografie; detaillierte bibliografische Daten sind im Internet über http://dnb.ddb.de abrufbar.

Text und Bilder © 2011 Präsenz Kunst & Buch
Gnadenthal, 65597 Hünfelden

Bilder von Thomas Schmid
Umschlagmotiv: Thomas Schmid
Umschlaggestaltung: Martina Heuer
Druck: CPI-Ebner & Spiegel GmbH, Ulm

ISBN: 978-3-87630-209-6

www.praesenz-verlag.de

Inhalt

Vorwort 9
  Achtsam sein 12

Zum Auftakt:
  Musik von Johann Sebastian Bach 15

Der Rhythmus der Jahreszeiten 19
  Eine Landschaft im Westen 19
  Der Zauber der grünen Insel 21
  Im Frühsommer 22
  Steine 23
  Das Flüsschen Erriff 25
  Im Land der Ruinen 26
  Am Strand von Carna 27
  St. John's Point 29

Die Begegnung mit Kunst und Menschen . . 31
  Besuch eines Ateliers 32
  Schönheit 34

Der Duft von Frühling und Sommer 37
  Löwenzahngedanken 37
  Samtige Tiefe 39
  Kirschentage 40
  Bäume 41
  Die Verschwendung des Sommers 42

Im Liegestuhl. 43

Gehen im Sommer 45

Am Bach. 47

Mitfliegen. 48

Im Gebirge. 50

Das Auge eines Käfers 51

Allein unter dem Himmel. 52

Himmel und Wasser. 53

Lavendelduft 54

Aufstieg zum Berg Athos. 56

Der Geschmack der einfachen Dinge 59

Der Geschmack des Wassers. 59

Achtsam essen. 61

Zeit der Vergänglichkeit, Zeit der Ernte 63

Herbstlicht. 65

Feuer der Farben. 66

Herbsthimmel. 67

Weite des Geistes 68

Wasser schöpfen 69

Verwelkte Rose 70

Stille 71

Geschenk 72

Hineinhorchen 73

Hinausschauen 74

Das Jahr geht vorüber 77
    Das Spiegelbild des Herbstes 77
    Ein einziges Blatt 79
    Spätherbst 80
    Regen rinnt durch meinen Kopf 81
    Novembertag 83
    Schnee 85
    Flockenwirbel 86
    Schneebäume 87
    Wind 88
    Bäume 89
    Winterweide 90
    Der Abend kommt 91

Zum Ausklang:
    Achtsam sprechen 93

Bildnachweis 96

Vorwort

Dem Wort „Achtsamkeit" bin ich zum ersten Mal als Kind und Schüler in den Kriegs- und Nachkriegsjahren begegnet.

Achtsam musste ich mit dem umgehen, was zum Essen zur Verfügung stand. In den letzten Kriegsjahren und gleich nach 1945 waren Lebensmittel rationiert. Kartoffeln mussten achtsam geschält werden. Denn die Schalen waren noch zum Verzehr geeignet, wurden im Ofen getrocknet und dann gegessen. Da man pro Person nur ein oder zwei Scheiben Brot pro Tag auf Marken beim Bäcker bekam, waren wir Kinder dankbar, wenn von der Mutter eine halbe kalte Kartoffel angeboten wurde, wenn wir Hunger hatten.

Achtsamkeit lernte ich auch schon in frühen Jahren beim Umgang mit Pflanzen im kleinen Garten des Elternhauses oder beim Füttern der Stallhasen. Und schließlich wurde der achtsame Blick auf die Schöpfung geweitet bei den vielen Spaziergängen und Radtouren zu den Seen und in das Voralpenland. Hinzuhorchen auf die Stimmen der Vögel, auf das Rascheln der Blätter im Wind, auf das Plätschern der Bäche, auf die Lichtveränderungen am Morgen und Abend, wurde zum selbstverständlichen Glück und zu einer geschenkten Erfahrung, die ich gerne immer wieder auch in Worte fasste.

Die Worte, die Sätze waren der Versuch, festzuhalten, was mir im achtsamen Verweilen geschenkt worden war.

In die Texte des vorliegenden Buches sind Erfahrungen und Begegnungen eingegangen, die ich im nahen Umfeld, immer wieder auf den gleichen Wegen, aber auch in fernen Ländern machen durfte.

Ich habe gelernt, die Jahreszeiten, Landschaften, Orte, einen Baum, einen Fluss, Kunstwerke, Musik achtsam wahrzunehmen und mir Zeit zum Anschauen und Erleben zu lassen.

In Zeiten der Flüchtigkeit und des raschen Wandels hat mich diese Art der Wahrnehmung zu unvergesslichen Momenten des Glücks geführt.

Die Texte dieses Buches wollen einige der Glückserfahrungen beschreiben und die Leserin und den Leser ein wenig ermuntern, auf die kleinen, beglückenden Augenblicke zu achten.

Beim Schreiben der Texte auch auf schon einmal Überlegtes und in anderem Zusammenhang Veröffentlichtes zurückgreifen. Einmal formulierte Gedanken waren zu überprüfen und neu zu fassen. Die für mich beglückende Entdeckung war, dass ich mir das achtsame Gewahrwerden, das genaue

Hinsehen, gleichsam zu einem Lebensprinzip ge-
macht hatte. Und dies stärkte mich immer wieder
und hat auch geholfen, Schwierigkeiten zu überwinden.

Achtsam sein

Meditation und Achtsamkeit gehören unmittelbar zusammen. Achtsamkeit meint die Meditation und das Einüben in die konzentrierte Aufmerksamkeit.

Meditation meint nicht einfach ein Sichzurückziehen in einen stillen Raum oder ein Dasitzen mit gekreuzten Beinen.

In der Meditation wird der Geist durch Achtsamkeit geschult, er wendet sich aufmerksam dem jeweiligen Augenblick zu. Umgekehrt kann man sagen, die geübte Aufmerksamkeit öffnet die Sinne hinein in einen meditativen Raum, in dem Dinge, Haltungen, Ansichten nicht mehr miteinander konkurrieren.

Meditieren bedeutet im Grunde ein Zulassen und ein Aufhören. Zulassen, was der Ruhe des Geistes dient, aufhören mit dem, was unruhig macht, was auf einen eindringt.

Meditieren kann man nicht nur im Sitzen, sondern auch im Gehen, im aufmerksamen, ruhigen Betrachten der Landschaft oder eines Gartens, auf dessen Wegen man schlendert. So kann man umfassend, uneingeschränkt, intensiv wahrnehmen.

Dabei spielt sicher das rechte Atmen eine Rolle. Man atmet durch die Nase ein und achtet auf das Einströmen der Luft. Und beim Ausatmen konzentriert sich der Meditierende auf den Vorgang des Ausatmens.

Damit entsteht ein Gesammeltsein, aus dem heraus eine neue Weise des Gewahrwerdens erwachsen kann.

Indem wir uns in der meditativen Haltung vertieft selbst erfahren, werden wir fähig, achtsam auf andere, auf die Umgebung zuzugehen. Gleichmut, Zufriedenheit und ein Gefühl des Glücks sind die Geschenke, die durch die rechte Achtsamkeit entstehen.

Zum Auftakt: Musik von Johann Sebastian Bach

Johann Sebastian Bach ist der wohl achtsamste, genaueste Komponist, der je gelebt hat. Sein Leben wie seine Musik sind von einer beispiellosen Ordnung, Klarheit, Eindeutigkeit. Seine Musik verlangt vom Hörer ungeteilte, achtsame Aufmerksamkeit. Man muss genau zuhören und sich dieser Musik unabgelenkt zuwenden, um sich hineinführen zu lassen in ihre Strukturen, ihre unvergleichlichen Linien und Erfindungen, um dann jenseits der Strukturen in die reine Empfindung, in das schwebende Glück zu kommen, das sie bereithält. Seit Jahrzehnten ist mir Bachs Musik zum ständigen Begleiter geworden, sie hat mir intensive Glücksmomente geschenkt. Johann Sebastian Bachs Musik ist für mich Sinnlichkeit in der höchsten, abstraktesten Form geworden, und dies ist kein Widerspruch sondern trifft sich mit Aussagen großer Mathematiker, die bei der Beschäftigung mit der Mathematik einen sinnlichen Genuss erfahren.

Die Düsseldorfer Professorin Helga Thoene und andere Forscher haben herausgefunden, dass Bach wie andere Komponisten der Barockzeit mit Zahlen und Rätsel spielte. Doch man mag all diesen Spuren nachgehen, versuchen, Zitate und Strukturen zu enträtseln, am Ende bleibt die in sich geschlossene, stimmige Gestalt, die sich als Ganzes, als überwältigendes Erlebnis darstellt.

Bachs Musik erreicht, so meine ich, in den Solosuiten für Cello und Violine, im „Musikalischen Opfer" oder in der „Kunst der Fuge" einen nicht mehr überbietbaren Grad der Vollkommenheit. Das Anhören dieser Musik schafft ein Gefühl des Ausgeglichenseins, des Glücks, das man kaum beschreiben kann, aber allen, die es noch nicht erfahren haben, weiterschenken möchte.

Wie keine andere, so kann die Musik Bachs auch trösten. In der Matthäuspassion gibt es Choräle, die auch in den schwersten Stunden noch Trost schenken können. Man muss diese immer wieder hören, um tiefer und tiefer eine Tröstung, ein unvergleichliches Aufgehobensein geschenkt zu bekommen. Bachs Musik lässt Sorgen, Ängste, Beklemmungen verschwinden. Aus dem Urgrund eines unverbrüchlichen Glaubens nimmt sie den

Hörer an die Hand und lässt ihn zur Ruhe kommen. Seine Musik hat das Chaos geordnet und steht über allem Verwirrten, Verbitterten. An Bach kann und muss sich jede Zeit messen.

Der Rhythmus der Jahres-zeiten

Eine Landschaft im Westen

Donegal, so heißt es, sei das Alaska Irlands, die Landschaft mit den meisten Regentagen.

Donegal County reicht von Malin Head, der Nordspitze der Insel, bis nach Donegal und Ballyshannon, den beiden Städten im Süden der Provinz.

Eine Landschaft im Westen, dem Atlantik und damit dem Golfstrom zugewandt, felsig, karg.

Die Donegalbucht. Hier können Regenstürme toben, Wolken dräuen. Dann aber verzieht sich das Grau, der Himmel reißt auf. In schier unglaublicher Klarheit sind Weite und Freiheit zu spüren.

Algen, Seetang, an die Felsen geklebt. Grün umgreift das Feldgrau. Tang: früher Ausgangsmaterial für Dünger, Nahrung aus dem Meer für den kargen Boden. Beim Verbrennen entsteht der Kulp,

Asche. Sie enthält Kali und Jod. Algen: Rohstoff für Alginsäure, einen Lebensmittelverdickungsstoff. In einer Zeit der chemischen Großindustrie nicht mehr rentabel.

Wer hier wohnt, hat sich auf weniges einzurichten. Nichts Großes oder Großartiges geschieht hier.

Aber wer hierherkommt, kann den Atem des Wassers spüren, den Wind schmecken, eintauchen in den Rhythmus der Jahreszeiten, das Auf und Ab von Ebbe und Flut.

Man sieht genauer in diesem klaren Land, das sich nur mit wenigen Farben schmückt.

Mitbewegt werden von den Strömungen des Wassers. Das Wasser ist so klar, als sei es gerade vom Himmel gekommen. Wasser des Ursprungs.

Leicht strömen hier die Gedanken. Man lässt sie und erfährt Gelassenheit.

Irland: Auf keiner anderen Insel habe ich ein vergleichbares Hochgefühl erlebt, einen atemnehmenden Rausch des Geöffnetwerdens.

Im Westen dieser Insel, an der Küste, scheint man weniger Schlaf als anderswo zu benötigen. Eine nie gekannte Wachheit durchströmt den Körper. Im Hirn scheinen Champagnerperlen zu sprudeln. Das Wunder geschieht, wenn nach einem kurzen Regenguss der Himmel aufreißt, die Luft gebadet ist in Licht und Feuchtigkeit.

Das Licht Irlands ist anders als das der Mittelmeerländer, als das einzigartige griechische Licht. In den westlichen Küstenlandschaften Irlands, im Hinausblicken auf den Atlantik, kann man den Atem dieser Insel im Gesicht, auf den Händen spüren, wird man einer vorher nicht gekannten Frische inne, des Gefühls, an einem Schöpfungsmorgen zu stehen und teilzuhaben am Entstehen.

Im Frühsommer

Ein Tag in Irland im Frühsommer. Noch blüht der Ginster, und wieder ist die Luft von einer so zarten Frische, wieder sind die Ausblicke ins Land, zu den Bergen von einer unvergleichlichen Weite, dass ich mich einfach nicht sattsehen kann.

Augenblicke des Glücks, Augenblicke, in denen ich mit mir und der Welt zufrieden bin.

Die Farben des Himmels und die Farben der Erde, magere Weiden, Heidekraut, Moore und ein paar Bäume – eine überschaubare und doch verzaubernde Welt, eine Märchenwelt, die mit allen Sinnen zu greifen und zu erfahren ist, die man behutsam betritt, um sie nicht aus dem Gleichgewicht zu bringen.

Irlands Westen schaut auf den Atlantik hinaus. Der Ozean hat die Landschaft mitgeformt, bestimmt das Leben von Pflanzen, Tieren und Menschen.

Die Klippen von Moher, eine 8 km lange Strecke an der Küste. Senkrecht steigen die Felsen aus dem Wasser. Bis zu 230 m hoch. Unten schlagen die Wellen. Die Kraft des Ozeans bestimmt das Land. Unwillkürlich weiche ich zurück vor den drohenden Abstürzen, vor der dunklen, grünen und weiß schäumenden Tiefe. Halbinseln schieben sich im Westen Irlands auf das Meer hinaus, den Stürmen und der Gewalt des Wassers ausgesetzt.

Black Head, der Schwarze Kopf, am Ende der Galwaybucht. Immer wieder Ausblick aufs Meer, in die Ferne bis zum Himmel. In unmittelbarer Nähe: Steine, mächtige Felsformationen, Steine wie Skulpturen, geformt in Jahrhunderten, Jahrtausenden. Man spürt geradezu körperlich die Gewalt der Elemente.

Die Clewbucht. Am Strand von Louisburgh. Eine einsame Stein- und Wasserlandschaft, keine Landschaft für Menschen und doch eine faszinierende Küste, in deren Felsen man lesen kann.

Ein Strand wie ein riesiger Steingarten. Die Steine werden zu Gestalten. Monumentale Zungen; aus den Steinen kann man die Signaturen der Jahrtausende lesen.

Steine wie Skulpturen, algen- und flechtenüberzogene Steine, die leben, die Gesichter bekommen, Steine, die zu sprechen beginnen. Überraschend ergeben sich Ordnungen, Zuordnungen, Steine, die die Fantasie anregen. Hier kann ich, warm eingepackt, stundenlang sitzen und mir aus Steingesichtern eine Sagenwelt erfinden.

Das Flüsschen Erriff

Irland ist eine grüne Insel, ist ein Weide- und Flussland. Der Erriff ist ein Flüsschen im Norden von Joyce's Country, das bei Aasleagh in den Killary Harbour mündet und aus den Partrybergen seine Zuflüsse erhält.

Die Flusslandschaft: ein sanftes Arkadien, ein Strömen durch die Weide. Ich sehe dem Angler am Fluss zu, ich blicke auf das klare, saubere Wasser.

Der Blick kann weit schweifen, weit und breit trifft man auf keine Siedlungen. Alles ist einfach, greifbar, selbstverständlich. Grünes und blau schimmerndes Wasser, ruhiges Vorbeiströmen an den Ufern. Sonnenbaden kann man hier nur selten. Aber sitzen und schauen und dem Wasser zuhören, den Geräuschen, die in den Städten längst vom Lärm des Verkehrs zugedeckt sind.

Ein Fluss, der das Land durchschneidet, eine grüne Ebene, ein paar gelbe Blüten, Büsche, der Mann, der seine Angel ausgeworfen hat.

Die Augenblicke, die kaum wahrnehmbaren Bewegungen, sie gewinnen hier Bedeutung. Nichts Aufgesetztes, nichts Schweres.

Die Ufer sind grün, das fließende Wasser spiegelt das Grün und den Himmel. Ein Fluss, eine Brücke. Enge, sich kreuzende Straßen. Alles ist fassbar, einfach Gegenwart.

Im Land der Ruinen

Auf der Fahrt durch Irlands Westen, an einer Straße, mitten im Weideland: Ruinen, Überreste von Kirchen, Klöstern und Friedhöfen. Grünüberwucherte Mauern, bedeckte Steine, Bäume, die in Kirchenschiffen wachsen, Äste, die sich durch Bogenfenster strecken. Ich gehe über einen aufgelassenen Friedhof, vorbei an schief stehenden Grabsteinen, betrete das Kirchenschiff, über dem ein offener Himmel sich auftut. Niemand stört die Einsamkeit eines solchen Ortes: Die Steine erzählen von weit zurückliegenden Zeiten, von Messen, die hier gehalten wurden, von Prozessionen, die an ihnen vorbeizogen. Ruinen aus der Zeit der ersten Mönchsorden und aus späteren Epochen, Kirchen, die nicht mehr benutzt, nicht mehr gebraucht wurden, weil sich die zu ihnen gehörenden Dörfer entvölkerten, die Bewohner auswanderten.

Irland ist eine christlich geprägte Insel. Schon im fünften Jahrhundert hatte Patrick, der irische Nationalheilige, in wenigen Jahrzehnten die ganze Insel christianisiert.

In den vielen Ruinen, in den Hunderten christlicher Bauwerke, ist bis heute die spirituelle Kraft zu spüren, die von diesem Land ausging.

Für diese Landschaft muss man sich Zeit nehmen.

Connemara, eine der schönsten und einsamsten Gegenden an den Küsten Irlands. Die überwältigende Stille umgreift mich, wenn ich stehen bleibe und in das Land hinein, auf das Meer hinausblicke.

Zeit haben wie die Esel und Schafe, die über die Straße trotten und sich nicht stören lassen, die zur Landschaft gehören wie die Steine und kargen Weideflächen.

Die Straßen führen an Ruinen vorbei, an verlassenen Häusern. Irland ist ein Land der Ruinen, der Kirchen- und Klosterruinen, der uralten Friedhöfe. Glaslose Fensteröffnungen, Bogengänge, rohe graue Mauersteine lassen an vergangene Jahrhunderte denken, an die Zeit des frühen Christentums, als Irland Mönche in die Länder Europas schickte, um die Bewohner zu bekehren.

Der Wind bricht sich an den Steinquadern, und wenn ich hinausschaue auf die Wasserflächen und Hügelketten, bleibt der Blick auf die immer gleiche Kargheit gerichtet.

Aber Kargheit bedeutet dabei nicht entbehren, sondern frei werden, offen werden.

Steine sind zerbrochen, Zeichen uralter Zeit.

Winzige Pflanzen, schmächtiges Grün zwischen Grau und Braun. Ich entdecke Moose, Flechten, spüre der Schönheit der einfachen Formen nach, bewundere die wenigen Blüten, präge mir die unscheinbaren Gestalten ein.

Der englische Journalist und Reiseschriftsteller Henry V. Morton hat gesagt: „Ich weiß, wo die Welt endet. Das Land dort ist grau, und goldene Wolken schweben darüber." Connemara, dort, wo die Welt endet, dort, wo der Blick auf das Einfache verwiesen wird, dort, wo Steine und Blumen unverstellter als anderswo sichtbar werden.

St. John's Point: eine leere Bucht, ein einsamer Strand. Ich verlasse den Wagen, um zu den überwachsenen Steinen zu gelangen. Die anlaufenden Wellen schwappen das Wasser in das Grün, aus dem es tropft und rinnt.

Auf diesen Steinen halten sich Seeschnecken und winzige Muscheln. Eigentlich geschieht gar nichts in dieser Bucht, außer dem Auf und Ab des Wassers, dem Spiel des Lichtes, dem Bewegen der Pflanzenüberhänge.

Die Zeit scheint angehalten. Nichts drängt, nichts muss jetzt oder gleich getan werden. Im Schauen und Zuschauen sind meine Gedanken leicht geworden, sind die Belastungen verflogen.

Die Luft ist herrlich klar und frisch, die Haut erfrischt sich an der Feuchtigkeit dieser Luft.

Ich gehe über Steine, halte an, bücke mich, blicke auf die unterspülten Felsen, sehe Formen und Gesichter.

Dies ist ein Land der klaren Farben – weniger, ausgeprägter Farben: Weidengrün, Algengrün, Wassergrün, Steingrau und Steinbraun, Ginstergelb und Fuchsienrot.

Und über allem spannt sich ein Himmel, der sich in hellem Blau oder mit düsterem Wolkengebräu zeigen kann. Hier am Strand: Wassergrün und Lichtgold.

Die Pflanzenschleier und -schnüre werden vom Wasser bewegt, scheinen selbst das Wasser zu bewegen.

Ich bin eingebunden ins Strudeln, Stranden, Anlanden, Zurückgleiten. Ich kann mich treiben, mitbewegen lassen.

Die Begegnung mit Kunst und Menschen

Immer wieder habe ich bei der Begegnung mit Kunstwerken Augenblicke der Freude und des Glücks erlebt. Bei Besuchen in den Ateliers von Künstlerinnen und Künstlern, beim geduldigen, genauen Betrachten der Bilder und Plastiken konnte ich meine Sinne schärfen, konnte ich gleichsam in den Dialog mit den Werken treten. Dabei konfrontierte ich mich nicht mit der Kunst aus klassischen Museen, sondern mit den Hervorbringungen lebender Künstlerinnen und Künstler.

Immer war in den Ateliers noch der Geruch der Arbeit, waren Pinsel, Farbtöpfe, Werkzeuge, Materialien zu sehen, Fertiges und Unfertiges.

Nicht jedes Werk erschloss sich gleich. Immer wieder musste ich mehrere Anläufe machen, um mich in die Schaffensprozesse, in das Geschaffene, hineinzudenken. Aber immer verließ ich das Atelier mit dem Gefühl, bereichert, beglückt zu sein.

Im Atelier eine Spielfläche. Sie ist bevölkert mit Figuren, die sich drehen, bewegen, die in Bewegungen angehalten wurden, die aus sich heraus- und in sich hineinschauen. Tonfiguren, Bronzefiguren, lebensgroß. Sie alle führen einen stummen und doch beredten Tanz auf.

Die meiste Zeit des Jahres tanzen sie nur mit sich beschäftigt, ohne auf ein Publikum zu warten, auf ein Publikum angewiesen zu sein. Geschöpfe einer Märchenwelt stehen da, den Träumen entstiegen, welche die Künstlerin, die sie geschaffen hat, träumte.

Die Künstlerin ist in die Mythenwelt hinabgestiegen. Sie hat die Erdmutter Gaia und einen Weltenvogel geschaffen, der Urgott Baal steht neben Janus, und aus den Opern von Richard Strauss treten Gestalten wie Daphne und Salome.

Im Tanz der Figuren, manche tragen Flügel, ist die Leichtigkeit des Hinüberkönnens, des Überflügelns, die Sehnsucht nach einer Existenz frei von den Zwängen und Erdgebundenheiten des Alltags.

Und so überrascht es nicht, dass in den Gesichtern der Keramiken und Bronzen kaum verhüllt immer wieder das Gesicht der Künstlerin zu ahnen ist. Die Figurenspiele, das Tänzerische in ihnen, ist auch ein Tanz mit sich selbst, ist auch ein Umsich-

selbstdrehen, die Erfahrung des Glücks, sich selber zu gehören.

In den Figuren ist das Spielerische unverkennbar. Bedarf der Mensch nicht dringend des Spiels, der Freiheit des Spielerischen? Ist nicht das Spiel das, was wir an den Kindern bewundern, ein Zipfel des verlorenen Paradieses, den uns die Kunst wiedergibt oder zumindest als greifbar verspricht?

Die Frau, ich muss die Frau ansehen. Sie ist sehr schlank. Ich sehe ihre schwarzen Augen, die schwarzen Haare. Dann wendet sie mir das Profil zu. Ich zeichne die Linie dieses Gesichtes nach. Klar und genau hebt es sich vor dem Hintergrund des Ufers ab, vor dem grauen Wasser. Ich werde von diesem Gesicht getroffen. Seine beinahe herausfordernde Schönheit ist wie ein Schmerz in mir, gleichzeitig wie unerwartetes Glück. Die Schönheit des Gesichts ist für mich da, ich kann sie anschauen, ich spüre einen Hunger nach diesem Gesicht, streichle es in Gedanken. Die Frau hat sich ein Kopftuch umgebunden, hat das Tuch nicht festgezogen, sondern es nachlässig um den Kopf geschlungen. Unter dem Tuch hervor kommen die langen schwarzen Haare, in die der Wind greift und die er aus ihrem Gesicht streicht.

Die Frau hat Vergnügen an diesem Wind, hat die Augen halb geschlossen und scheint die kühle Luft einzuatmen. Eine hohe Stirne, steil abfallend, eine wunderbar gleichmäßig gebildete Nase und ein Mund, in dessen Winkeln ich leisen Spott, Überlegenheit zu bemerken glaube. Sie scheint mit ihrem Gesicht zu spielen. Sie weiß, dass sie angeblickt wird, aber sie ist sich so sicher, dass die Blicke sie kaum berühren.

Ich schaue in ein makelloses, nicht glattes, nicht ebenmäßiges und doch vollkommenes Gesicht. Zu seiner Vollkommenheit gehören Härte und Entschlossenheit. Ich bin hingezogen zu der Spannung, die sich im Gesicht der Frau ausdrückt.

Der Duft von Frühling und Sommer

Löwenzahngedanken

Im April und Mai haben die Löwenzahnwiesen geblüht. Jetzt zeigen die Samenstände, die kugelrunden Samengestirne, dass der Sommer gekommen ist.

Pusteblumen. Wieder und wieder haben wir sie als Kinder in die Hand genommen, hochgehoben und in die federleichten, verletzlichen Gebilde hineingeblasen, die Samen fliegen lassen, zugesehen, wie die winzigen Fallschirme mit den unten sitzenden Samen ausgeschwärmt, dahingesegelt sind. Der Sommer streut seine Früchte aus. Fliegt weit und lasst euch irgendwo nieder, an einem Wegrand, in einer Ritze, am Straßenrand, damit auch dort im nächsten Jahr ein gelber, strahlender Sternkorb aufgeht.

Löwenzahngedanken und Pusteblumenerinnerungen. Leichtes Hinschweben an einem Sommervormittag, hin zu den Wölkchen im blauen Himmel.

Wegschweben, leichter als leicht werden, fliegen können, sich wiegen lassen von der Luft, unbeschwert sein.

Für Augenblicke alle Beschwernisse hinter sich lassen, das Wahrnehmen des Kleinen, des samenden Löwenzahns, der unscheinbaren Blüten in den Wiesen, genügt. Keine großen Ereignisse, keine aufregenden Erlebnisse könnten das Hineinschweben in den Sommertag aufwiegen. Zufrieden sein, mit sich selbst, zufrieden sein mit der überschaubaren Welt, die mich auf dieser Wiese umgibt, dies genügt für diesen Tag.

Vor dem Teich in einem Park. Die Sonne kommt nur schwach durch die dichten Blätterdächer. Aber sie macht die Wasserfläche zum Spiegel.

Wenige Grüntöne lassen aus dem Teich eine faszinierende Fläche werden. Farben laufen ineinander, Netze entstehen, Übergänge. Dunkles neben hellem Grün. Mattere, glänzendere Stellen. Und dann silberne Flächen, Flächen wie Zellen aneinandergelegt.

Geheimnisvolle Spiegeltiefe. Wiedergeben, zurückgeben. Jetzt über das Geländer der Brücke gelehnt sein, den Linien und Farben nachsinnen.

Die gedämpfte Stille der warmen Sommerstunde ist auch im spiegelnden Wasser, in den kleinen Strömungen, die ein Windhauch erzeugte. Ein kaum merkliches Ablaufen, Auslaufen entsteht.

Bäume spiegeln sich, das Licht spiegelt sich, das Sommergrün ist in diesem Spiegeln, der ganze Sommer. Ein dunkler, erfüllter, warmer, grüner Sommer voller Weichheit, voller samtiger Tiefe. Ein Ausruhen, Ausatmen in den späten Nachmittag hinein.

Kirschentage

Mit der Kirschernte beginnt der hohe Sommer. Wieder hatte der Kirschbaum im Garten voller als alle anderen Bäume des Gartens geblüht. Seine Blüten waren die ersten, und wie manches Jahr musste man Angst haben vor einem verspäteten Frost.

Aber immer wieder sind die Bienen gekommen, wieder haben die Sonnentage ausgehalten, und aus dem ersten rosigen Anhauch auf den Früchten ist ein saftiges Rot geworden.

Die Kirschentage haben begonnen. Kindersommertage. Die ersten Kirschpaare an die Ohren gehängt, ein glänzender Schmuck. Kirschenrund, saftige Süße oder fruchtige Herbheit der Weichseln. Erste Ernte und erste Fülle, der alle Ernten des Sommers folgen werden, alle Genüsse der Reife.

Bäume

Tage der großen Bäume. Jetzt sind sie von einer uralten Majestät. In der ersten Woche, in den ersten
Wochen des Sommers voll mit frischem Grün, das
aus allen Zweigen ausgetrieben hat. Tage der uralten mächtigen Bäume: Schattenzeit.

Unter den Bäumen ist gut sein. Sie halten die
steil stehende Sonne ab, sie laden ein, sich unter sie
zu setzen. Man muss hinausfahren, mit dem Rad,
oder eine Weile gehen, bis man einen der großen
Bäume gefunden hat.

Jetzt wird einem bewusst, welch herrliche
Lebewesen Bäume sind, großartige Gedanken des
Schöpfers.

Sie überdauern die Lebenszeit des Menschen,
sie wachsen über unsere kurze Zeit hinaus, sie sind
da als die unübersehbaren Zeichen der Natur, sie
haben eine Geschichte.

Die Verschwendung des Sommers

Der Sommer überschüttet mit Farben. Welch eine Fülle der Farben an den Rosensträuchern und Rosenbüschen. Weiß und zartes Rosa, dunkles Rot, leuchtendes Gelb. Leichte, offene Blüten und schwere, gefüllte Knospen.

Auch aus dem Rhododendronstrauch sind Blüten um Blüten gekommen. Sie drängen sich, sie stehen dicht gepackt. Jetzt: die Verschwendung des Sommers, das schwere Übermaß, das Nie-Genugsein.

Blüten wie ein Jubel, Blüten im Licht, zum Licht gewendet. Eine einzige Farbe, karmesinrot, von einer unglaublichen Intensität.

Lauter Blütenkelche, in denen die Staubfäden gelb punktieren.

Ein Schwall der Freude, des Triumphs, da zu sein, sich entfalten, blühen zu dürfen. Sommer: Sichverschwenden, die Blüten nicht mehr zählen, sich an der Überfülle freuen.

Ich rücke meinen Liegestuhl unter den hohen Birn-baum, dessen Früchte sich immer voller runden, immer süßer und saftiger erscheinen. Ich strecke den Arm aus und fasse mit einer Hand eine dieser Birnen, drücke zu und spüre, dass sie noch nicht reif ist. Am Ende des Monats werden die Birnen weich werden. Der zuckersüße Saft wird heraus-fließen, wenn ich in sie hineinbeiße.

In diesen Birnen steckt ein Teil meiner Kindheit. Der Birnbaum war schon groß, hochgewachsen, als ich noch nicht in die Schule ging. In seinen Birnen schmecke ich die vielen Jahre, in denen ich unter ihm gespielt habe. Ich bin in seine Äste geklettert und habe seine Früchte gepflückt, sie eingesammelt in eine Schürze, auf die vorne eine große Tasche genäht war. Sie wog schwer, und man musste die Beine auseinandertun, wenn man mit ihr vom Baum herabkletterte oder die Leiter herabstieg. Sie war schwer mit Birnen oder auch Äpfeln, schwer mit gelben, saftigen Pfirsichen. Aber am schöns-ten und reichsten trug der Birnbaum. Im Frühjahr brachen die Blüten aus jedem Ästchen und über-schütteten ihn mit Weiß. Im Spätsommer hing er übervoll mit den kleinen süßen Birnen. Diese Bir-nen bringen mir den Geschmack der Kindertage zurück, der langen Sonntagnachmittage in seinem

Schatten. Ich höre in ihm das Gesumm der Bienen und Wespen, die sich in die weichen Früchte einfraßen und an ihnen gütlich taten.

Jeden Tag füllten sich die Wespen mit der Süße der überreifen Birnen. Und auch wir Kinder konnten nicht genug haben von diesen Früchten, wir aßen uns voll und übervoll, bis wir Bauchschmerzen bekamen, und auch dann noch konnten wir es nicht lassen, noch eine und noch eine anzubeißen. Birnentage, Erntetage, droben in der luftigen Höhe beim Pflücken, so hoch droben und hinausgebeugt auf einem sich biegenden Ast, dass man meinte, in den Himmel greifen und eine der vorübersegelnden Wolken anhalten zu können.

Ich habe zwei Kissen in den Liegestuhl gelegt, lehne mich in ihm zurück und schaue hinauf zu dem Kindheits-Birnen-Baum, zu dem Kinderblau, und ich lasse meine Gedanken Drachen steigen hinein in den Himmel.

Ich gehe weiter auf dem Weg, auf meinem Weg. Auf einem Weg, den ich schon viele Male gegangen bin. Ein Weg in meiner Heimat, an dem mir alles vertraut ist und bei dem ich doch bei jedem Gang Neues entdecke. Ich setze einen Fuß vor den anderen. Ich habe keine Eile. Zeit ist für den Wind und den Weg. Zeit ist für die Schnecke, die am Wegrand dahinkriecht, für das Gras und die Bäume. Ich habe Zeit für mich. Es ist gleichgültig, ob und wann ich den Hügel vor mir erreiche. Die grünen Buckel sind da, ich muss sie nicht erreichen. Nichts muss ich erreichen. Ich schlendere nur durch die Gegend. Ich lasse mich gehen. Ich lasse zu, dass etwas in mir geht, mich geht, dass ich den Weg erfahre. Ich bin bei mir. Alles geht seinen Gang. Ich lasse mein Gehen geschehen, wie ich die Bewegungen um mich geschehen lasse. Bienen fliegen von Blüten, die Wolken ziehen droben, der Bach, an dem ich vorbeikomme, ist die Bewegung des Wassers, das Da-Sein und Weitergetragenwerden. Ich gehe über die Wiesenstreifen zum Bach. Er ist von Gestrüpp und einzelnen Bäumen begleitet. Der Grund ist weich und feucht. Eng beisammen stehen in einer Mulde Vergissmeinnicht. Helles Blau. Sie gedeihen gut in der feuchten Umgebung. Das Gras steht hoch und dicht. Hier mäht es niemand ab.

Alle Halme tragen Samenwedel. Braungelb, weiß und zitronengelb taumeln Schmetterlinge umher. Paarungsflüge über die duftenden Honiggründe der Blüten. Das Licht schaukelt sie auf und ab. Nie bleiben sie irgendwo für längere Zeit sitzen.

Ich sehe ihnen minutenlang zu.

Ich habe den Bach vor mir. Das Wasser fließt über die Steine hinweg, an mir vorbei. Ich bücke mich zum Wasser nieder. Ich will das Wasser mit den Händen spüren, die lebendige Kühle auf der Hand. Ich vergewissere mich. Ich will wie ein Kind das Wasser anfassen, um es begreifen zu können. Es gleitet durch meine Finger. Das Wasser ist gut zu meinen Händen. Ich halte sie flach in das Wasser, um seine Klarheit nicht zu trüben. Ich streiche über das Wasser hin. Ich spüre, wie das Wasser davonfließt, wie es meine Berührung mitnimmt, wie es immer ganz und scheinbar gleich um meine Hand ist und auch immer neues, anderes Wasser ist.

Der Bach hat das Gegenufer unterspült und gluckert zwischen Steinen und überhängenden Graswasen. Manchmal schmatzt er beinahe behaglich in eine Höhlung, um wieder über die runden, grün glänzenden Steine weiterzufließen. Das Wasser scheint es nicht eilig zu haben. Gemächlich schlängelt sich der Bach durch den Wiesengrund, der in die Landschaft hineinwächst.

Mitfliegen

Blau und tief ist der Himmel an diesem Sommersonntagnachmittag. Ein paar weiß-winzige Andeutungen von Wolken, von Schleiern durchziehen ihn, Anhauchspuren von Weiß, mehr nicht. Gerade noch wahrnehmbar. An der Uferpromenade des Sees ist es warm. Spaziergänger sind hinausgegangen und sitzen auf den Bänken, schlendern dahin.

Sie blicken auf das Wasser hinaus und lassen, ein wenig träge geworden in diesen Stunden nach Mittag, die Zeit vorübergehen.

Hier ist der Platz der Möwen. Sie warten auf die Brotstückchen, die in die Luft geworfen werden, sie tauchen blitzschnell herab, eine jagt der anderen das Futter ab, versucht schneller zu sein.

Mein Blick geht zu den Vogelkörpern, zu den schnellen Bewegungen in der Luft. Die ausgebreiteten Flügel. Jeder Umriss anders gegen den Himmel. Vogelkörper, die zu Chiffren werden, zu Sommerzeichen im Himmel des langen, langen Sonntagnachmittags.

Und beim Aufblicken sind die Vogellaute wie ausgelöscht. Nur noch das Weiß vor dem Blau, die Flugbewegungen im Blau. Fliegen: leichte, elegante Bewegungen. Mitfliegen, mitgleiten, ausruhen in der Luft, sich selbst leichtnehmen.

In der Harmonie der ausgeglichenen Bewegungen verweilen. Die kleinlichen Widerstände überwinden, überwunden haben.

Im Gebirge

Auch oben im Gebirge hat der Sommer begonnen, die kurze Zeit des Grünens und Blühens. In der kälteren, raueren Luft fehlt der Überschwang der vielen Farben. Keine Blütenteppiche, keine Farbkaskaden, hier oben ist das Blühen verhaltener, versteckter. Gelb die niedrigen Blüten am Boden, rot die Blüten der Distel. Das Auge registriert Einzelheiten, sucht die Farbtupfer.

Hier oben ist ein Schau-Platz. Die milde Wärme lädt zum Niedersetzen ein, Steine sind da, Kuhlen zum Ausruhen. Der Blick geht hinüber zu den scharfkantigen Gipfeln, zu den Steinwänden und Schrunden, wo kein Gras mehr wächst, wo nur noch der blanke nackte Stein der Sonne ausgesetzt ist.

Bald schon können wieder die Wolken den weißen Vorhang vorziehen, aber noch ist es still und warm auf der Hochfläche. Im Gegenlicht schwirren Mücken, ihr leises Sirren ist zu vernehmen, die Luft scheint durchsichtiger zu sein. Die Augen sehen klar, die Ohren werden hellhörig, die Sinne werden empfindlicher.

Sommerzeit: Zeit der Käfer, Zeit des winzigen Lebens zwischen Pflanzen, am Boden, auf den Blättern.

Sich in einer Wiese niedersetzen, auf den Boden legen, warten, in Augen- und Blickhöhe zu den Pflanzen gehen. Ganz genau hinsehen, auf Insekten warten, die sich auf Blättern und Gläsern niederlassen, die über die Blüten wandern.

Den Atem anhalten, um nicht zu stören. Wie glänzen die Rücken, schwarz, violett oder dunkelbraun, wie vibrieren die feinen Fühler, wie lebendig rühren sich die kleinen Beine.

Ich blicke ins Auge eines Käfers. Seine zögernden, dann heftigen Bewegungen bemerken. Sommertage: Zeit, das winzige Leben zu entdecken, das Nahe. Augen dafür haben, Fühler ausstrecken.

Unter Bäumen im Gras liegen. Unter einem großen Baum und nach oben schauen. Das Gezweig gliedert den tiefblauen Himmel, in den Schwalben sich vom Wind hinauf- und forttragen lassen. Schwarze Flügehalbmonde in Blau. Liegen und das Gesicht ein wenig zur Seite gewendet, um die Sonne spüren zu können.

Zeit haben, sich hinauftreiben lassen, mittreiben lassen von den Schwalben und von den weiten Stürzen. Zutrauen haben zu diesem heiteren Tag, zu dem unendlich aufsteigenden blauen Himmel.

Nichts mehr ist in den Gedanken, was den Augenblick stören könnte, nirgendwo bleibe ich festgemacht, alle Bewegungen führen hinauf und wieder zurück.

Ich muss mich an keine Menschen und Ereignisse halten, die mich bedrücken oder fordern.

Allein sein unter dem Himmel, unter dem stillen Grün der Blätter, die sich in einem leichten Wind rühren. Augenblicke ohne Wünsche. Zufrieden sein mit mir selbst, mit der Welt.

Vielleicht ist es Freude, vielleicht ein beinahe überschwängliches Maß der Zustimmung, die mich überkommen, in die hinein ich mich gleiten lassen kann, widerspruchslos. Sommerminuten unter diesem Baum.

Himmel und Wasser

Hinausschwimmen in die schier grenzenlose Weite vor den Bergen, die sie im Süden des Sees aufbauen, das warme Wasser um den Körper spüren. Sich treiben lassen von den kleinen Strömungen, in den Wellenbewegungen auf- und abtauchen. Sich wiegen lassen, die Schwere nicht mehr spüren, einmal in einem anderen Element leben, die genau gerichteten Bewegungen auslaufen lassen. Das Wasser bestimmt die Richtung, trägt, ist zuverlässig, ist weich und schmeichelnd.

Den Blick vom Ufer wegwenden, hinausschauen zu einem Horizont, an dem das Wasserblaugrau ins Himmelblaugrau übergeht, zu einem Horizont, an dem Himmel und Wasser einander zärtlich berühren, vermischen.

Freiheit erleben, sie am ganzen Körper spüren, eine Freiheit, die nur im Sommer so möglich ist.

Lavendelduft

Sommer in der Provence, eine Landschaft unter der Sonne, gehen im Schatten großer Bäume, eine herausfordernde Landschaft, von Malern geliebt, von Schriftstellern beschrieben, ein Land, das die Sinne vibrieren lässt.

Die violetten Reihen des reifen Lavendels, bienenumsurrt, zikadenumschwirrt. Die Felder ziehen sich über die Hügel hinauf, satte Büschel neben den schon geernteten Kornfeldern. Kein Ton in der mittäglichen Stille als das Summen der Bienen, als die eindringlichen Zikadenmelodien.

Ein heißer Windhauch fährt durch die Zweige der Eiche. Er rüttelt an den trockenen braunen Gräsern auf den leeren Feldern. Falter kreuzen im Zickzackflug die Blütenplätze. Die Hitze des Mittags hat sich eingehockt. Die Luft ist in hitzeflirrender Bewegung. Hier kann man die Kraft des Sommers körperlicher, intensiver als anderswo spüren.

Die Sommersonne der Provence konzentriert die Gerüche in den Kräutern, sie lässt den Duft des Lavendels entstehen, den Geruch von Rosmarin, Thymian und Salbei. Farben und Gerüche der Provence sind elementarer als anderswo. Inmitten der Lavendelfelder die Erfahrung: Das ist der Sommer.

Ich werde nach einigen Gläsern Wein, Brot und Ziegenkäse vom Mt. Ventoux träge. Doch schnell ist der Anflug von Trägheit vorüber, ich fühle mich angestachelt, belebt von der andauernden Hitze. Zum ersten Mal seit einer Woche quellen einige Weißwolken am nördlichen Horizont auf. Ich schaue in das mittagsgewiegte Land hinaus. Der Boden ist trocken, heiß und zehrend.

Die Sommerwärme der Provence lässt reifen, lässt die Melonen süß und die Tomaten so voller Geschmack werden, dass man schwört, nie mehr eine der geschmacklosen Industrietomaten in den Mund zu nehmen. Die Sommersonne der Provence konzentriert die Aromen, konzentriert die Wahrnehmung.

Und dann die Augen schließen und dahindämmern unter der Mittagssonne im Schatten einer alten Eiche.

Der Gipfeltag ist gekommen. Der Aufstieg zum Athosgipfel beginnt. Um fünf Uhr brechen wir von Megisti Lavra, dem 963 vom Hl. Athanasios gegründeten Kloster, aus auf. Mitte des 11. Jahrhunderts lebten in dem großen Klosterbezirk, zu dem heute noch 15 Kapellen gehören, 700 Mönche. Noch ist Nacht, als wir durch den Klostergarten gehen. Bei Sonnenuntergang wollen wir auf dem Gipfel sein.

Stunden um Stunden sind durch eine unberührte Landschaft zu wandern. Nach den noch erträglichen frühen Stunden ist die Sonne hochgestiegen und scheint die Wanderer und die Landschaft beinahe aufzuzehren. Der Schweiß bricht aus allen Poren. An jeder Quelle trinken wir Wasser, schütten das flüssige Element beinahe in den Körper hinein, der immer wieder nach einer neuen Erfrischung ruft. Vom Meeresniveau bis zum über 2000 Meter hohen Gipfel ist eine schier unüberwindbare Strecke zu bewältigen, ein Aufstieg, der mit keinem Gipfelweg in den Alpen zu vergleichen ist. Hinzu kommt, dass wir einen Sommer ausgewählt haben, in dem in Griechenland das Thermometer die 40-Gradmarke überschritten hat.

Bis Mittag haben wir die Schutzhütte erreicht, bei welcher der letzte, steile Aufstieg beginnt. Hier legen wir eine Pause ein. Die letzten Stunden haben uns bis zur Erschöpfung geführt. Die Beine wollten einfach nicht mehr, ein Stechen in der Brust machte auf eine Grenze aufmerksam, die manche von uns erreicht hatten. Immer wieder der Gedanke: Ich bleibe einfach stehen, ich lasse die, die noch können, weitergehen, ich setze mich nieder, ruhe mich aus.

Ich muss nicht unbedingt den Gipfel erreichen. Aber dann aktivieren sich die Reserven wie von selbst, als wir um 16 Uhr zur letzten Strecke aufbrechen. Noch einmal liegen zwei Stunden vor uns, in denen jeder Schritt als beinahe unüberwindlich erscheint. Der Blick ist auf den Boden gerichtet, der Atem geht kurz, der ganze Körper hat auf Sparen geschaltet. Immer wieder ein kurzer Halt. Ich kann nicht mehr, scheint eine Stimme einzuflüstern. Ich muss aufgeben, der ganze Körper ist schweißgebadet, der Schweiß scheint aus der Hose zu tropfen, feuchtet die ganze Kleidung durch, der Rucksack drückt.

Ich rede mir zu, ich locke dem Körper noch einen Schritt ab, dann noch einen, und schließlich ist die kleine Gruppe auf dem Gipfel angekommen, jeder sucht sich ein Plätzchen, hockt sich nieder, legt sich auf den Boden, oben vor der kleinen Kirche.

Welch eine Befriedigung, sich selbst überwunden zu haben, beim Erreichen der Grenze nicht aufgegeben zu haben, den Körper wie nie zuvor wahrgenommen zu haben, ihn gleichsam in all seinen Möglichkeiten erlebt, gespürt zu haben.

Achtsam zu sich selber gewesen zu sein, nicht den Verlockungen, aufzugeben, gefolgt zu sein. Vom Gipfel aus der Blick auf das Meer. Die Gedanken tragen hinaus in die flirrende Luft, in die schier unendliche Weite, das Gefühl: Ich kann mitschweben, hinausschweben in den zu Ende gehenden Tag, in das Ausschwingen und leise Verdämmern. Ich werde in der Nacht im Schlafsack unter einem grenzenlosen Himmel den Sternen nahe sein.

Der Geschmack der einfachen Dinge

Der Geschmack des Wassers

Das Pilgern auf dem Athos hat mir den Geschmack der einfachen Dinge gebracht. Beispielsweise den Geschmack des Wassers. Immer wieder Schluck um Schluck, aus der an einer Quelle gefüllten Flasche. Das trockene Brot zum Wasser schmeckt köstlich, die gerade gepflückte Tomate, die wie ein Geschenk angeboten wurde. Geschmorte Kartoffeln, in ein wenig Öl und mit Kräutern gegart. Mein Körper verlangt nicht mehr nach Fleisch. Die einfache Bohnensuppe schmeckt vorzüglich nach den Anstrengungen des Tages. Und als einmal in der Woche Zitronen zum Tee gereicht wurden, war dies eine unerwartete kostbare Zutat.

Ich gehe mit der Dunkelheit schlafen und werde um vier Uhr früh durch die Schläge des Simandron, das die Mönche zum Gebet ruft, geweckt.

Der Mond geht am Abend, wenn ich vom Kloster aus hinausblicke, auf und schüttet sich aus, sein weiches Licht liegt auf dem Meer, das nicht von Motorbootgeräuschen durchpflügt wird. Nur die Stille der Nacht ist um mich, einer Nacht, in der die Katzengeräusche und das unaufhörliche, nur schwächer gewordene Sirren der Zikaden zu dem Lebendigsein der Stille gehören. Nur diese lebendige Stille ist um mich. Auch der Himmel wird weiter, offener als irgendwo.

Der Geschmack und der Geruch der einfachen Dinge sind stärker als die raffinierten Genüsse. Nie werde ich den scharfen Geruch des wilden Salbeis vergessen, der mich beim halsbrecherischen Abstieg zu einer Einsiedelei begleitete.

Zum achtsamen Umgang mit den Früchten der Erde, mit allen Nahrungsmitteln, gehört der unmittelbare und persönliche Umgang mit ihnen. Um den Geschmack einer Frucht zu schätzen, muss man sie selbst schälen, aufschneiden, aufbereiten und würzen.

Dabei steht nicht die Kunst von Viersterneköchen im Vordergrund, sondern das Wissen um die vielfältigen Möglichkeiten, aus den verschiedenen Nahrungsmitteln schmackhafte Gerichte zu kochen.

Eine Kartoffel, eine Tomate, ein Apfel, eine Rübe muss man im Urzustand in der Hand gehalten haben, um ihren Wert zu erkennen und um abschätzen zu können, ob sie reif, schmackhaft oder schon abgelagert oder halb verdorben sind.

Die Fertignudelsuppe, kann sie denn eigentlich gegenüber der selbstgemachten, die in einer besonderen, mit einem halben Dutzend von Gewürzen abgeschmeckten Brühe gart, bestehen?

Der Umgang mit den Nahrungsmitteln ist die eine Seite der Entwicklung, mit der wir konfrontiert sind, das Essen selbst die andere.

Der lieblose Umgang mit den Nahrungsmitteln führt zum lieblosen, stillosen Essen.

Auch das Essen ist ein Vorgang, den man in den Zusammenhang der Achtsamkeit bringen muss. Ist es nicht ein Verlust, wenn sich die Familienmitglieder nicht wenigstens einmal am Tag zum gemeinsamen Essen versammeln?

Nicht umsonst war früher die Rede vom gedeckten Tisch. Das heißt: Für das gemeinsame Essen wurde der Tisch gedeckt, wurden Teller und Bestecke bereitgelegt, neben sie die Trinkgefäße gestellt. Jedes Familienmitglied hatte seinen Platz am Tisch. Die Gerichte, Beilagen, Getränke, alle Zutaten zum Essen gleichsam geordnet zur Mahlzeit vorbereitet. Relikte aus einer untergegangenen Zeit, bürgerliches Gehabe, äußerliche Form, die nichts mehr mit den Gegebenheiten und Bedürfnissen unserer Gegenwart zu tun hat?

Zeit der Vergänglichkeit, Zeit der Ernte

Im Wechsel der Jahreszeiten zeigt sich dem, der eine Landschaft achtsam, geduldig erwandert und erlebt, ein Raum, der Gedanken und Empfindungen schweifen lässt. Die Jahreszeiten verstärken mit ihren wechselnden, den kleinen Veränderungen die Wahrnehmung.

Der Herbst wird zur immer wiederkehrenden metaphysischen Erfahrung. Im Herbst fühlt sich der Mensch der großen und unaufhaltsamen Vergänglichkeit gegenüber. Alter und Tod werden genannt, Schwermut und Resignation bedrücken. Aber der Herbst ist auch die Zeit der Ernte, des goldenen Lichtes, des Ausgleichs und der geduldigen Hinnahme. Herbst: Diese Jahreszeit wird in der Dichtung zum Symbol, die Geschehnisse der Natur werden zu Bildern des Lebens. Vom Barock über die Romantik bis in die Gegenwart sind immer wieder ähnliche Beobachtungen zur ähnlichen Symbolgestalt geworden. Hölderlins „Hälfte des Lebens" oder Trakls „Verklärter Herbst" und Mörikes „Septembermorgen" darf man neben die japanischen Dichter Basho und Issa stellen.

Die Magie des Herbstes ist auch nicht von den Steinwüsten der Großstädte, nicht von der Industrialisierung und Modernisierung ausgelöscht worden.

Herbstlicht. Nur im Herbst können Blätter so glänzend, so still das Licht aufnehmen. Ein Noch-einmal, Hingabe ohne Bewegung. Dasein für das Licht, ehe der Wind die Blätter abreißt. In der herbstlichen Hingabe fehlt ihre Heftigkeit.

Das Licht selbst ist leiser, behutsamer geworden und streift nur über die Landschaft, nur selten noch dringt es ein wie in die Buchenblätter. Licht darü-bergeraucht, über den Park, über die Bäume, über den, der sich noch einmal in das raschelnde Gras legt und das Licht über die nackte Haut hingehen lässt. Ich bin noch einmal in der späten, der letzten Wärme des Jahres. Zueinanderrücken unter dem Licht, ein Nachsinnen der Lichtspuren, die schräg durch die Zweige kommen. Das Licht geschehen lassen, die Liebe geschehen lassen, die Zärtlich-keiten in den lichten Verstecken des Parks.

Feuer des Herbstes, angezündet von den Bäumen des Herbstwaldes. Flammendes Rot, glänzendes Gelb. Brauntöne, Farbflammen auf jedem Blatt.

Im Sommer war der Wald eine grüne Mauer, die Bäume standen wie eingetaucht in eine Farbe, nur wenige Grünschattierungen setzten sie voneinander ab. Jetzt scheint jeder Baum seine eigene Farbpalette auszuspielen, die Farben auszuschütten, zu verschwenden.

Das Herbstblühen der Bäume, das Farbenblühen der Blätter ist anders als das Blühen der Blumen im Sommer, anders als die herbstliche Asternbuntheit der Gärten. Die Färbung des Ahornwaldes ist Reflex der tief stehenden Herbstsonne, des gelben und roten Lichts. Das Feuer der Farben ist wie ein Aufglänzen vor den kühleren Tagen, vor Frost und Novembernebeln, vor den peitschenden Herbstregen.

Wer jetzt in den Herbstwald geht, ist umfangen von diesem Aufglänzen, ist noch einmal berührt, angerührt wie von einer sanften Hand. Die Schritte werden zögernder, langsamer, so, als könnten sie damit die Dauer der Sonnenstrahlen verlängern. Komm, noch einmal können wir im raschelnden Laub, im braunen, ergrauten Gras beieinander sein und die letzte Wärme des Jahres auf der Haut spüren.

Weite der Ausblicke ins Land. Ein ungeheurer Himmel über dem beginnenden Herbst, über dem letzten, hingelagerten Grün. Ich bin hinausgefahren in das Land, um die herbstlichen Felder, den herbstlichen Himmel zu sehen.

Das Land macht sich klein vor diesem Himmel, vor den Wolkenbänken und Wolkenstufen, vor dem unendlichen Aufsteigen und Sich-Auftürmen. Eine Landschaft, in der auch die wenigen Bäume in den Himmel hinaufweisen, Zeichen vor dem gewaltigen Horizont.

Das Licht schwebt und zittert in den Wolken, schüttet sich aus ihnen heraus, berührt im Dunst die Bergzüge, zeichnet jeden Baum genau. Im beinahe unwirklich durchdringenden Licht erfüllt mich ein Gefühl von Unberührtheit und einer gleichzeitig immer größer werdenden Distanz. Im Aufblicken und Hinausblicken ein erster, noch nicht schmerzender Abschied.

Die Weite der Herbstlandschaft: offene Weite auch des Geistes.

Während der Frühling eine Zeit des Aufbruchs und der Erwartungen ist, zeigt sich dem, der verweilt, der Herbst als Zeit der Reife und Erfüllung. Die Sonnenwärme ist milder als im Sommer, jetzt ist die Zeit des Wanderns, des Dahinschlenderns auf den Wegen, auf die schon einige gelbe, rote, dunkelbraune Blätter gefallen sind. Im Herbst ist vielleicht mehr Gelassenheit als in anderen Jahreszeiten zu lernen, und dies bedeutet: unverletzlich im Handeln und Urteilen zu werden, nicht mehr so leicht aus der Haut zu fahren, aus der Bahn geworfen zu werden. Wer einmal begriffen hat, dass nicht das Hetzen auf ein Ziel hin wichtig ist, sondern die Erfahrung des Weges, dass in der Übung des Weges schon das Ziel beschlossen ist, weiß, dass es darum geht, zu tun, was gerade getan werden muss, und es bestmöglich zu tun. Das heißt: Konzentration auf das, was im Augenblick wichtig ist. Wenn du gehst, dann gehe, wenn du schaust, dann schaue, wenn du zuhörst, dann höre zu, sonst nichts.

Der Weg führt aus dem Herbstwald hin zum See. Den Weg haben die Bäume begleitet, herbststrahlende Bäume. Noch rascheln die gelben, roten und braunen, die trockenen Blätter unter den Schuhen, noch bleibt man eingetaucht in das Bernsteinlicht des frühen Nachmittags.

Und dann: ganz nahe an das Wasser. Ein Hinaustreten, Hinausweisen auf die umgrenzte Fläche des Sees. Ein Öffnen in die Stille.

Auch auf dem Wasser liegt das Bernsteinlicht, auch das Wasser ist berührt von der honighellen Weichheit des Lichts.

Hingehen zum Wasser, sich niedersetzen, die Hände flach auf das Wasser legen, spüren, wie es leicht an die Hand schwappt.

Auf die Fische im Wasser sehen, eine Handvoll Wasser schöpfen und Tropfen um Tropfen niederrieseln lassen.

Nichts als die Erfahrung: Ich schöpfe mit meinen Händen das Wasser, im Herbstlicht glänzen die Tropfen.

Verwelkte Rose

Zerknittert hängt die Rosenblüte am Stängel. Spät hat sie geblüht, zu spät. Ein paar warme Tage haben sie hervorgelockt. Dann ist der erste starke Frost über sie gekommen. Dem Frost konnte sie nicht standhalten. Wer hätte sie bemerkt unter den vielen Rosen des Sommers? Jetzt ist sogar ihre Herbstgestalt schön.

Eine letzte Rose, noch einmal ein Blühen gegen die Jahreszeit, ein letzter Versuch, ein letztes Geschenk in der Kraft der kraftvollsten Farbe, die wir kennen. Rot, die Farbe, die reines Jetzt ist, die sichtbare, triumphale Betonung der Gegenwart.

Die Rose gehört dem Sommer, nun aber ist sie Zeichen dafür, dass auch das prunkendste Blühen vergeht, dass alles, was gewachsen ist, alt, ausgelöscht wird.

Stille

Die untergehende, tief stehende Sonne zeichnet eine Lichtbahn in das schon dunkle Wasser. Ein Herbsttag geht zu Ende, die am Tag glänzenden, bunt belaubten Bäume treten schwarz zurück.

Über die Wiese führt der Weg zum Wasser hinunter. Der Park ist leer, der See liegt friedlich da, kein Boot ist zu sehen, kein Mensch weit und breit.

Es ist schön, am Morgen an einem See das Heraufkommen des Tages zu erleben, die Verheißung der Frische, das Aufziehen des Dunstes über der grauen, beinahe noch toten Wasserfläche.

Anders aber ist der Abend. Er sammelt die Stille gleichsam in das Dunkel des Wassers ein, er deckt zu und gleicht aus, er bringt Ruhe und lässt die Gedanken einsinken in die weichen und leichten Strömungen, in das Rieseln des Sonnenlichts im Wasser.

Jetzt den Träumen Raum geben, den Schwingungen des Lichts; die kühle Luft des Herbstabends spüren und wissen: Der entscheidende Weg liegt genau vor den Augen, er muss nicht benannt werden.

Das Licht der untergehenden Sonne berührt das Wasser, es ist in ihm und hinterlässt doch keine Spuren.

Geschenk

Geschenkter Tag, geschenkte Stunden. Das Licht ist geschenkt, geschenkt sind die noch einmal aufgeblühten späten Enziane, das Blühen gegen die Zeit, geschenkt ist die Farbe, die Intensität eines letzten Aufleuchtens.

Nicht selbstverständlich ist, dass ich jeden Tag gesund aufwache, dass ich zur Arbeit gehen kann, dass ich zu essen habe, dass ich mit meinen Mitmenschen auskomme. Ein Geschenk ist, das tägliche Leben annehmen zu können, sich zu freuen, dass der Tag ohne Schrecken, ohne bittere Erfahrungen zu Ende gegangen ist.

Herbst, Tage des Abschieds. Zurückgehen. Zurückziehen. Langsamer, stiller werden. Keine großen Räume mehr ausschreiten. Kleine Schritte machen. Die sparsamen, kleinen Zeichen bemerken.

Zurückblicken, abwägen, ausklingen lassen. Zufrieden sein. Den Frieden haben, ihn zuerst in sich erfahren.

In sich hineinhorchen, aufatmen. Das Jahr hinter sich lassen. Nichts ist mehr zu ändern, nichts soll verändert werden.

Das Schweigen beginnt zu leuchten. In diesen Tagen gelingt es vielleicht leichter als in anderen Zeiten, das Wesen der Dinge zu berühren. Wir können in uns hineinblicken, ohne egoistisch ständig das eigene Ich zu umkreisen. Und das Hineinblicken wird zur großen Öffnung und Offenheit werden. Wir können erkennen: Unterwirft sich der Geist nicht den Unterscheidungen, sucht er nicht alles voneinander zu trennen und zu erkennen, werden alle Formen des Daseins eine Einheit.

Mitte Oktober. Ich bin heraufgefahren auf den Berg, mit der Seilbahn. Lärmende Ausflügler, Lachen in den ersten Minuten oben auf dem Gipfel. Dann habe ich sie zurückgelassen. Ich hatte den Abstieg vor mir, vier Stunden ohne Geschrei und Reden. Einen Weg über Wiesen, einen Pfad über Geröll, dann einen Forstweg. Ausblicke auf die in einen dunstigen Horizont steigenden Gipfel des Hochgebirges. Schattenrisse der Kämme vor dem lichten Himmel. Schwarze Linien und Flächen der waldbedeckten Hänge. Die Sonne des späten Vormittags ist so warm, dass ich an einen Frühlingstag denken muss.

Dann ein Hang, der hinausweist ins Land, in die weite, hügelige Ebene vor den Bergen. Ich habe die Sonne im Rücken. Der Himmel ist ein unendliches, hingehauchtes Blau, das am Horizont in ein verschwommenes, die Landschaft einhüllendes helles Grau übergeht.

Es ist stille, aber nicht bedrückend still. Vögel zwitschern, von Zeit zu Zeit ist ein leichter Wind zu hören. Er scheint sich in den Bäumen, in den Zweigen zu fangen. Dann wieder Stille. Nichts rührt sich, keines der braunen Gräser, die zwischen den grauen Steinbrocken wachsen.

Ich schaue hinaus in das Land. Ich sehe helle Inseln, umgeben von Wald, Laubbäume, rote und gelbe Sprenkel, Dörfer, Menscheninseln, ich sehe den Horizont, an dem das Baumgrün und das Himmelsblau grau wird. Hinausschauen. Indem ich hinausschaue, schaue ich in mich hinein. Ich denke an den gestrigen Abend, Atemlosigkeit nach der Arbeit, die Ärgernisse des Tages, die gespannte Unruhe. Wie zugeschnürt war ich, gereizt, außer mir, voll Ungeduld. Und jetzt hält mich dieser einzigartige Augenblick gefangen.

Das Jahr geht vorüber

Das Spiegelbild des Herbstes

Am stillen Arm des kleinen Flusses, der durch die Stadt führt. Eine Brücke geleitet über das Wasser. Es ist kalt geworden. Der Tag wird sich bald zuziehen, grau verschleiern. Um vier Uhr am Nachmittag beginnt er schon blasser zu werden.

Den Mantelkragen hochschlagen, schnell vorübergehen, sich irgendwo ins Warme setzen, einen Kaffee trinken.

Dann der Blick zum Wasser. Braune, faulende Blätter treiben in ihm, sammeln sich an der Oberfläche. Eine Entenschar hat die Fläche durchquert, hat kleine Wellen aufgestrudelt.

Wie in einen Rahmen gefasst das Spiegelbild des Herbstes. Das schwarze Gerüst eines entlaubten Baumes, nur noch schwarze, sich verzweigende, ein wenig sich bewegende Linien. Herbstfarben der abgefallenen Blätter, die in das Schwarz hineinspielen.

Die flache, untergehende Sonne schickt das Licht über das dunkle, dumpfe Wasser. Reflexe auf der Spielfläche. Das Jahr ist vorüber, die Farben sind vergangen. Vorbei. Über alle Spiegel wird ein Vorhang gezogen werden.

Ein einziges Blatt

Auf dem Herbstboden ein Blatt. Gerade hat es der Wind aus den schon kahlen Ästen gerissen. Es ist zu Boden getorkelt in das trockene spärliche Gras.

Noch glänzt es gelb, noch ist es Zeichen des lichten, sonnigen Herbstes. Aber schon ist der Rand des Blattes eingerissen, angetrocknet, braun geworden.

Nichts als ein Blatt, ein letztes Blatt. Braun wächst in das Gelb hinein. Lebenslinien zerbrechen.

Ein einziges Blatt. Unter den tausend Blättern des Baumes würden wir es nicht bemerken. Jetzt, im Herbst, ist der Blick achtsam geworden.

Unter dem klaren Herbsthimmel, von der Sonne getroffen ein Blatt, und in dem unscheinbaren Blatt ist Zeit, ist Vergänglichkeit und lässt begreifen: Das Kleine und Unscheinbare ist identisch mit dem Ganzen.

Spätherbst

Ein Spätherbsttag. Längst haben die Winde das Laub aus den Zweigen gefegt, längst ist der Glanz der heiteren, warmen Tage geschwunden. Morgen könnte der Winter beginnen, gestern könnte schon ein wenig Schnee gefallen sein, oben auf den Nordhängen könnte er für einen oder zwei Tage liegen bleiben.

Spätherbst, nur zögernd lichten sich die Nebel. Blass sind die Farben geworden, die Konturen von Bäumen und Gebäuden verschwimmen.

Wie hinter eine dünne Membran sind das Bestimmte und Bestimmbarkeit zurückgetreten. Von irgendwoher ein Laut. Vielleicht ein Vogellaut, eine Tierstimme, das Knacken eines Astes. Alles ist ungewiss geworden. Irgendwo ist ein Hügel, hinter dem Hügel beginnen irgendwo die Berge.

Nichts als dünne Nebelschleier, durch sie hindurch sind die Gestalten, Formen und Laute fremd geworden.

Regen rinnt
durch meinen Kopf

Hochsommergedanken im Herbst. Ich sitze da und schaue voll Vergnügen dem Regen zu, der vor meinem Fenster plätschert und sich ausregnet.

Es regnet und will nicht mehr aufhören. Der Regen scheint an sich Gefallen gefunden zu haben, mit sich zufrieden zu sein, wie ich mit mir zufrieden bin. Ich ärgere mich nicht über den Regen, ich bin nicht traurig, von Zeit zu Zeit stecke ich sogar die Nase aus dem Fenster und lasse mir einige Tropfen auf den Kopf fallen. Der Regen riecht gut, man kann ihn schmecken. Dann sitze ich im Sessel und höre auf das gleichmäßige dauernde Plätschern. Der Regen rinnt durch meinen Kopf hindurch, durch meinen Körper. Vielleicht fließt er unten bei den Füßen wieder hinaus, und ich stehe in einem kleinen Regenwassersee. Ich spüre den Regen nicht nur auf der Haut, sondern im Mund und im Bauch. Der Regen macht mich still und hält mich fest. Nichts in mir und um mich bleibt vom Regen unberührt. Verregnete Gedanken, verregnete Stühle und Teppiche. Ich gehe durch ein Regenland.

Alles scheint sich den Regen gewünscht zu haben. Seine nassen Zungen, seine feuchten Schleier streichen über alles hinweg, berühren und verändern alles. Äste und Autos, Blätter und Nasen sind Regenäste, Regenautos, Regenblätter und Regennasen geworden. Regen auf Kinderköpfe und Kohlköpfe, es regnet auf trübe und lachende Gesichter, auf Hüte und auf schwarze und graue Regenschirme. Es gibt Regenstraßen und Regenwege, Regendächer und Regenantennen, und in die Bahnhöfe fahren jetzt Regenzüge ein. Es gibt Regenminister und Regengemüsehändler, es gibt einen Herbstregen, der irgendwann in Schneeregen übergeht.

1. November. Allerheiligentag, Friedhofstag.

Die Bergwiese saugt die Sonnenstrahlen in den feuchten Grund, ich spüre die Wärme auf der linken Wange. Die Buchen haben das Laub schon abgeworfen, dunkelbraun hat es der Wind an den Wegrändern aufgehäuft. Feucht und übereinander liegt es da, und es scheint schon das Zur-Erde-Werden begonnen zu haben. Im Hang vor mir gelb, bräunlich, feurig beinahe die Farbflamme einer Lärche, die noch alle Nadeln trägt, aber sie schon abwelken ließ, verschmelzen ließ in diese unvergleichlichen Töne von bräunlichen und erd-gelben Farben, dazwischen ein Hauch von Rot, ein Haarschopf beinahe. Unten rauscht der Bach über ein kleines Wehr, er umrauscht die Stille des Nach-mittags.

Die Sonne, das Licht, sie werden nicht mehr lange dauern. Schon jetzt, um halb drei Uhr, steht die Sonne tief, beinahe den Grat jenseits des Tales berührend. Die Strahlen fallen flach ein, die Schat-ten der Bäume strecken sich lang über die Wiese.

Rechts ein Ring, braun gezogen in das Gras, Pilze. Braune Trichter, große und kleine.

November, Spätherbst. Der Himmel lässt noch keinen Abschied spüren, sondern ist zärtlich, weich und leicht. Er ist in eine unendliche Tiefe hinein hell und heiter losgelöst. Dieses Licht ist mehr als geschenkt, ist wie herausgenommen aus den Ahnungen des Vergehens. Ich kann den Himmel und die Sonne jetzt mit geschlossenen Augen sehen. Nichts reden, nur aufnehmen, annehmen. Das Licht bewahren.

Die Schatten wachsen, das Licht wird untertauchen. Aber ich habe es aufgenommen und getrunken. Das Licht hat mich sein lassen. Dasitzen in der Stille des Novembertags. Nichts verlangen, alles wird geschenkt.

Schnee

In unseren Städten ist der Winter kaum noch zu erleben. Wenn in der Nacht Schnee gefallen ist, rücken am frühen Morgen die Räumfahrzeuge und Räumkolonnen an, um die Straßen für den Verkehr frei zu machen. Schneefall darf den Rhythmus der Stadt nicht stören. Die Menschen wollen freie Fahrt zur Arbeit haben, Busse und Straßenbahnen sollen ungehindert vorankommen.

Und dort, wo nicht geräumt ist oder die Räumfahrzeuge nicht durchkommen, weil die Straßenränder beidseitig zugeparkt sind, zermatschen die Autos, die diese Straßen passieren müssen, den Schnee schnell zu braunen, schmutzigen Resten.

Um den Winter in seiner ganzen Pracht zu erleben, muss man an einem eiskalten Tag, der den Reif an den Bäumen gefrieren und den See vereisen lässt, etwa an den Chiemsee oder einen anderen See fahren und die beißende Kälte bei einem Uferspaziergang auf dem Gesicht spüren. Geradezu ursprünglich ist der Winter auf den Hochflächen der Rhön.

Flockenwirbel

Schnee zieht auf. Erste Flocken wirbeln über Bäume und Steine. Aus einem hellgrauen Himmel sinkt, schwebt unaufhörlich der Schnee. Und mit einem Mal ist die Luft voller Schneien, ein geradezu einschmeichelndes, dämpfendes, zudeckendes Schneesinken beginnt. Die Geräusche löschen aus, das Licht verlischt beinahe, wird diffus.

Der Schnee wird weiter herabrieseln. Vielleicht den ganzen Nachmittag über, die ganze Nacht. Der Schnee wird alles verwandeln, weicher machen, leiser. Widerstände und Widerständiges werden überwunden, wenigstens für eine Weile zugedeckt.

Schneebäume

Eingeschneit, zugeschneit. Der Morgen nach einer Nacht, die alle Zweige vollgepudert hat.

Der Schnee hat die Farbe aus der Luft, aus der Landschaft, aus den Bäumen genommen. Alles ist eingehüllt in ein vages Grauweiß.

Schwer ist der Schnee, lastend, er drückt die Zweige nieder. Schneebaumgestalten entstehen, auskragende Schneeflügel. Der Tag scheint Mühe zu haben durchzukommen. Die Sonne hat ihren Glanz verloren. Leeres Schneelicht, zögerndes Warten, Abwarten.

Wind

Klare Weite. Kalt die Farben des Himmels. Kobaltblau wächst in Gelbweiß. Erfahrung der beißenden Kälte, des Ausgesetztseins. Eine karge Landschaft, in der jahrhundertelang die Armut zu Hause war. Der Wind ist kennzeichnend für die Rhön. Bäume, Häuser, Steine, alles ist gegen den Wind gestellt, behauptet sich gegen den Wind. Die Äste der Bäume sind vom Wind gebeugt, verbogen in den Windbewegungen. Das Schiff der Kirche steht gegen den Wind gestemmt.

Im Winterhalblicht: die drohende Stimmung. Wolkenschiffe befahren den Himmel, Ungetüme von Wolken. Über der windgefegten, windgekämmten Erde türmt sich die Ungewissheit auf.

Ich gehe in sie hinein, auch ich stemme mich gegen den Wind, ich blicke zu den Wolken auf.

Jetzt sind die Elemente zu spüren, sie kommen auf den Körper zu, umklammern ihn.

Bäume

Die großen, einsamen Krummbäume, Buckelbäume mit abgebrochenen, angebrochenen Ästen. Kahl auf einer Seite, geneigt, gebeugt. Bäume, die auf den Sturm zu warten scheinen, die dastehen wie mit erhobenen Armen, ausgreifenden Ästen.

Diese Bäume gehören dem Nebel, dem Sturm, dem gelben, dräuenden Licht. Von klein auf wurden sie gepeitscht und verletzt. Aber sie haben den Stürmen standgehalten. In ihnen wie in den vom Sturm zerwühlten, abgeknickten Gräsern ist der unsichtbare Wind sichtbar geworden. Bäume und Gräser, geformt vom kalten, peitschenden Schneesturm, von den wirbelnden Schneekristallen.

Winterweide

Ein Feld, eine Wiese, ein paar Bäume, Steine. Eine Weidefläche. Schafsland, das an Schottland erinnert. Aber selbst Schafe taten sich schwer, zwischen den tiefer gelegenen Mooren und den kahlen Kuppen genügend Nahrung zu finden. Jetzt, im Winter: eine Landschaft, die den Blick festhält, in der nichts ablenkt.

Weideflächen, herbes Ödland. Und überall Steine. Gruppen von Steinen, so, als seien sie von einem Künstler gesetzt worden. Steine wie Naturplastiken.

Um die Bäume versammelt, zu ihnen hinführend, sie verbindend. Basaltbrocken, die wie Symbol- und Meditationssteine in einem japanischen Garten daliegen. Ich muss anhalten vor diesen Steinen. Steine, die zu Wesen werden, Steine, mehr als Steine, Steine, nichts als Steine.

Später Nachmittag. Das tief stehende Licht der rotgelben Sonne gibt der kargen Landschaft eine geheimnisvolle Tiefe.

Die Äste der Bäume heben sich scharf von dem hellen westlichen Himmel ab. In der klarkalten Luft gewinnen die wenigen Farben eine beinahe schwelende Intensität.

Minute um Minute verändert sich der Sonnenstand, verändern sich die Licht- und Schattenpartien. Eine Abendlandschaft zum Hinausschauen, zum Zeithaben, zu einer konzentrierten, intensiven Wahrnehmung.

Zum Ausklang: Achtsam sprechen

Mit der Sprache benennen wir die Welt, mit ihr verständigen wir uns, mit ihr beschreiben wir Erfahrungen, Erlebnisse, mit ihr formulieren wir unsere Bedürfnisse.

Und vielleicht wird uns erst, wenn wir zusehen, wie Gehör- und Sprachlose sich mithilfe von Gebärden verständigen, klar, welch ein Geschenk die Sprache ist.

Sprache muss entwickelt und gepflegt werden. Sprechen, achtsames Reden wird von der Familie, Spielgefährten, von der Schule weitergegeben.

Aber, so mag man fragen, haben wir es in einer Zeit der Zahlen, Abkürzungen, der Kurzinformationen noch nötig, die Sprache sorgsam zu pflegen, achtsam zu verwenden?

Der alltägliche Austausch von Fragen oder Befehlen funktioniert doch auch mit halben Sätzen, mit hingeworfene Brocken. Wir haben uns an die reduzierte Sprache, in den Comics, an in Sprechblasen eingepackte Ausrufe und unvollständige Sätze gewöhnt.

Ist die Rede von der Sprachpflege ein Gerede von gestern, unbrauchbar für die Bedürfnisse unserer Zeit? Sogar der anspruchsvollere, der Sprachqualität verpflichtete Journalismus hat für die Internetauftritte der Zeitungen und Zeitschriften abspecken müssen.

Sind die Verluste, und vielleicht darf man sie so bezeichnen, hinnehmbar, einfach selbstverständlich?

Ein achtsames, gepflegtes Sprechen, so könnte man sagen, ist nichts Überholtes, es bringt sogar den Menschen unserer Zeit, unserer Gesellschaft Vorteile und Selbstsicherheit.

Mit der Sprache zeigen wir uns gleichsam. Liebe, Leidenschaft und Hass können ausgedrückt werden. Mit der Sprache können Menschen andere zur Besinnung und zum Nachdenken bringen, zum vorbildlichen und friedvollen Handeln.

Die Formulierung, jemand drücke sich „gewählt" aus, wirkt hoffnungslos veraltet. Verbinden wir damit nicht die Lebensweise eines untergegangenen gehobenen Bürgertums? Gewählt drückte man sich doch in den Kreisen aus, die sich im Stil, in der Kleidung gegenüber dem Durchschnitt abgrenzten. Eine gewählte Sprache, war sie nicht verbunden mit einem Klassenbewusstsein? Diejenigen, die sich der gewählten Sprache bedienten, konnten zu Hause einen gefüllten Bücherschrank vorweisen und hatten sich in der gepflegten Konversation geübt.

Scheinbar hat das achtsame Sprechen aber wieder Boden gewonnen. Klartext zu reden muss nicht bedeuten, mit Worten zuzuschlagen. Die mit ruhiger Stimme „gewählt" vorgetragene Argumentation kommt wieder an und sie vermag zu überzeugen.

Bildnachweis

Alle Bilder von Thomas Schmid

Cover   Ohne Titel (B11), Acrylfaben-Mischtechnik
auf Holz, 2008, 19 × 26,5 cm

Zwischen

S. 16/17   Ohne Titel (B11), Acrylfaben-Mischtechnik
auf Holz, 2008, 19 × 26,5 cm

S. 32/33   Blauer Grund (178), Acrylfarben-Mischtechnik
auf Leinwand, 60 × 80 cm

S. 48/49   Ohne Titel (B3), Acrylfarben-Mischtechnik
auf Holz, 2009, 19 × 26,5 cm

S. 64/65   Kraftvoll (C11), Arylfarben-Mischtechnik
auf Holz, 2009, 19 × 26,5 cm

S. 80/81   Rotes Feld (C12), Acrylfarben-Mischtechnik
auf Holz, 2010, 19 × 26,5 cm